POLITIQUE VULGAIRE.

NUMÉRO PREMIER.

ERRATA D'UN COMPTE RENDU.

> Le libéralisme est à la politique, ce que la
> philosophie est à la religion.
>
> L'AUTEUR.

PAR L. F. C., ANCIEN OFFICIER D'ÉTAT MAJOR.

Marseille,

IMPRIMERIE DE Vᶜ REQUIER, DIRIGÉE PAR TERRASSON FILS,

PLACE ROYAE.

Se vend au cabinet de lecture de M. FORTOUL, rue d'Aix, n° 45,
et chez les principaux libraires.

AOUT. — 1832.

ERRATA
D'UN COMPTE RENDU.

Ce qui prouve que pour la polémique quotidienne, la vérité est presque toujours relative ou accidentelle, c'est que même parmi les journaux qui se piquent le plus de persévérance dans leurs doctrines, il en est bien peu qui n'aient changé, non de passions, mais de logique, selon le temps et les circonstances : par cette raison que les questions de principes ne sont pour eux que des prétextes pour mettre en jeu des intérêts personnels et satisfaire des ambitions.

Cette espèce d'incarnation des systèmes politiques, explique assez la violence de moyens et d'expressions employés par la presse périodique. Chaque parti prenant un homme, une famille ou une nature d'intérêts pour drapeau, il n'y a guère transaction possible avec gens qui n'ont pas même le choix des moyens pour arriver à leur but.

Désireux de contribuer pour une faible part à l'affermissement de l'ordre, et à détacher des partis par la conviction, beaucoup de personnes abusées ; ayant remarqué, d'ailleurs, que bien peu d'hommes peuvent ou veulent se donner la peine de remonter aux causes réelles d'un mal-aise dont l'aliment pernicieux, bien plus que le remède, forme la substance des journaux à opinions extrêmes ; nous avons eu l'idée de rédiger sans humeur comme sans flatterie, en termes simples et clairs, une courte note, espèce de profession de foi politique, basée sur des faits patens, et dont il sera difficile de suspecter la franchise et la sincérité (1).

Rappeler succinctement les causes de la révolution de juillet.

Les améliorations introduites dans notre droit public par ce grand événement.

Analyser et apprécier les obstacles, qui, jusqu'à présent, ont entravé le développement et la jouissance de ces améliorations.

Telle est la tâche que nous nous sommes imposée.

Elle a surtout pour but de démontrer que la magie et la séduction du style ne sont pas toujours compagnes de la vérité ; et qu'avec un cœur droit, l'homme de bon sens interrogeant les faits et se bornant à prononcer comme juré, possède tout autant de capacité que le spirituel écrivain pour déterminer les véritables conditions de confiance et de liberté nécessaires au maintien de la sécurité publique (2).

1.° *Causes de la révolution de juillet.*

L'énonciation d'un fait, en apparence bien simple, peut suffire pour expliquer en deux mots la chûte de Charles X.

---

(1) L'objet de cet écrit étant défini, on voit que nous avons du préférer une forme fixe de publicité à l'insertion dans un journal, de quelques articles dont le manque de liaison entr'eux eût été le premier inconvénient.

(2) Les discussions abstraites sur la politique, sont rarement à l'usage du plus grand nombre. Il est aisé de s'en apercevoir dans les classes intermédiaires, où le positif des faits est seul apprécié, à la sagacité des conséquences que chaque individu en tire, eu égard a sa position sociale : voilà pourquoi les élections sont généralement sages et nationales.

Avoir confié l'éducation du rejeton de sa famille, d'un roi de France au dix-neuvième siècle, à l'abbé Tharin et à M. de Damas, c'était proclamer le triomphe du jésuitisme et de la noblesse, vouloir refouler les idées bien au-delà de Louis XV, renier toutes les conséquences de 89.

La tendance gouvernementale bien connue, la nation se tenait en garde. Toutes les sommités libérales, en majorité dans les chambres, dans les cours souveraines, dans la haute industrie et surtout dans la presse de Paris et des départemens, prirent l'attitude de la résistance. Les conseillers occultes du vieux Roi, lui firent créer le ministère Polignac. Les députés refusèrent leur concours à un gouvernement évidemment hostile aux libertés publiques ; la chambre fut dissoute ; mais le corps électoral, tribunal suprême et véritable organe de l'opinion publique, cassa l'arrêt du monarque en réélisant les mêmes députés. L'aveuglement de la cour fut alors porté jusqu'au délire, et à l'instant où les sermens de Rheims furent anéantis, le parjure reçut la punition que la nation avait droit de lui infliger (1).

En nous bornant à indiquer pour cause de cette révolution, le choix des tuteurs moraux de *l'enfant du miracle*, l'apparente disette de motifs a déjà provoqué la pitié des gazettes absolutistes, et cependant leurs

---

(1) Loi du 15 mars 1815. « Voulant donner à nos fidèles sujets une nouvelle garantie de tous leurs droits politiques et civils fondés sur la Charte constitutionnelle, nous avons, etc.

« Art. 4. Le dépôt de la Charte constitutionnelle et de la liberté publique est confié à la fidélité et au courage de l'armée, des gardes nationales et de tous les citoyens. »

(6)

sectateurs conçoivent, de reste, que nous avons seulement voulu caractériser par un bout d'oreille, la violence rétrograde du pouvoir déchu.

En effet:

Les quatre mille couvens établis depuis la restaura-
tion.

La guerre d'Espagne;

La fougueuse turbulence des missions;

Les quarante millions d'augmentation dans la dotation
annuelle du clergé;

Le milliard d'indemnité aux émigrés;

Les dix mille bourses des séminaires;

La loi du sacrilège;

Le licenciement de la Garde Nationale de Paris;

Le commandement d'une armée confié au déserteur
Bourmont (1);

Les ambassades et toutes les hautes fonctions exclusivement dévolues à la noblesse;

Tout ce retour à l'ancien régime, y compris même
la comédie d'expulsion des jésuites, se trouvait implici-
tement compris dans le fait auquel nous avions d'abord
jugé à propos de nous réduire.

____

(1) Le général Gérard, commandant le 4ᵐᵉ corps, rend compte que
le lieutenant-général Bourmont, le colonel Clouet et le chef d'es-
cadron Villontreys ont passé à l'ennemi.

Monitenr du 18 juin 1815.

Cette note rapprochée des éloges que la *Quotidienne* prodigue à
son héros, suffira pour faire apprécier l'indignation qu'elle a mon-
trée dans le numéro du 26 juillet dernier, d'avoir été soupçon-
née de connivence avec l'étranger.

2.° Améliorations introduites dans le droit public des

Français à l'avénement de Louis Philippe.

L'octroi de la Charte par Louis XVIII, consacrait le droit divin comme base de la souveraineté des rois de France, en même temps que cet acte reconnaissait quelques principes de 89.

Le besoin de repos après de longues agitations et après une guerre qui avait paru interminable ; le caractère semi-libéral du prince et l'atticisme connu de son esprit ; la fermeté avec laquelle il tint sa famille constamment éloignée des affaires, permirent jusqu'à un certain point, le développement du gouvernement représentatif en France, sous l'œil d'une opposition vigilante et jalouse, qui comptait dans ses rangs tout ce que le pays renfermait d'hommes éclairés et consciencieux. On ne pouvait, il est vrai, oublier ce que coûtait de sang et de trésors, une famille deux fois ramenée par l'étranger ; on s'apercevait bien aussi que tous les efforts du Roi, tendaient à reconstruire la fortune et l'influence de la noblesse et du clergé ; mais la sagesse générale, les plus glorieux souvenirs, un simulacre de représentation nationale, les dédommagemens de la presse, enfin une confiance tacite dans sa propre force, firent assez facilement supporter au peuple les dix ans du règne de Louis XVIII, règne qui après tout, ne fut pas intolérable.

L'impatience du parti-prêtre, la jactance de la vieille émigration et l'influence plus directe d'une Camarilla, ayant successivement conduit Charles X aux actes les plus coupables contre les droits de la Nation, celle-ci congédia avec une sévère douceur le monarque et sa descendance (1).

Alors tous les vœux exprimés pendant quinze ans par l'opposition, et ceux, plus féconds et plus nombreux encore, contenus dans la fameuse déclaration de la chambre des cent jours, furent insérés dans le nouveau pacte fondamental. La constitution rédigée et présentée en forme de contrat par le pouvoir législatif, fut jurée par Louis Philippe.

Dès cet instant, les principes de la révolution de 89 se trouvèrent réhabilités, le but de celle de 1830 fut complètement atteint, et le gouvernement entra dans la plénitude de son action (2).

3.º *Causes qui ont entravé la marche du gouvernement et compromis le bien être général de la société.*

L'ancien régime frappé des foudres de juillet, resta comme anéanti devant la grandeur de l'évènement : il fut surtout accablé de la sagesse et de la modération qui signalèrent l'esprit public en France après ces mémorables journées. Aussi, dirons-nous avec l'opposition que le jour de l'avénement de Louis Philippe,

---

(1) Sans la crainte de dépasser les bornes que nous nous sommes imposées, il nous serait facile de démontrer avec la dernière évidence, qu'il n'y a eu conspiration contre les Bourbons ni en 89 ni dans les cent jours ni en juillet 1830. Seulement nous dirons que la différence de résultat entre le débarquement de l'île d'Elbe et les sanglantes tentatives de la royale aventurière, prouve que la volonté nationale est plus efficace que le droit divin.

(2) La souveraineté du peuple n'étant exercée *par le peuple* qu'à l'instant où la loi fondamentale est consacrée, on ne voit guère dans la suite que d'officieux brouillons la nier ou l'invoquer sans droit, sans qualité et surtout sans nécessité.

le gouvernement Français se trouvait le plus fort comme
il était le plus libéral qu'il y eut dans l'univers. Nul
doute qu'alors, investi de la confiance générale, et
croyant pouvoir compter sur l'union d'un peuple qui
venait de manifester sa volonté avec autant d'unanimité
que d'énergie, le bonheur public n'eût été promptement
réalisé selon les désirs et les intentious du roi, si de
profonds ressentimens dans le parti vaincu et les plus
singulières prétentions dans une fraction de la nation
victorieuse n'eussent créé, comme à l'envi, les déplorables obstacles que nous allons rapidement analyser. (1).

A peine les partisans de Charles X furent-ils revenus
de leur étourdissement, que leur dépit d'abord bien naturel, se changea en fureur. A tout ce que la presse et
la parole, perfidement maniées peuvent distiler de venin
et de calomnie se joignirent les plus coupables manœu-
vres pratiquées à la faveur de la légalité, et sous le
prétexte injurieux de se soustraire à l'avidité et à la
jalousie populaires. Il faut se hâter de dire que les
hommes de ce parti jouissant exclusivement depuis seize
ans, des grâces et des faveurs de la cour et du gouvernement, possèdent réellement encore, un tiers du numéraire en circulation dans le royaume. Le mot d'ordre
fut promptement donné par les plus astucieux et les

---

(1) Nous prévenons, une fois pour toutes, que les qualifications dont
nous nous servons à l'égard des hommes et des partis, n'ont rapport
qu'aux actes et nullement aux opinions. Nous trouvons très naturel
que chacun désire le triomphe de son opinion comme celui de la
religion qu'il professe ; mais à l'instant où soit par ambition, soit
par intolérance, il devient artisan de troubles, nous réclamons
contre lui l'intervention des lois. (V. la dernière note).

plus rancuneux du parti : on vit ces hommes impla-
cables, qui, jusques là, avaient amplement usé des
habitudes d'aisance et de luxe que comportaient
leurs goûts, rompre tout-à-coup leurs relations avec
la partie industrielle et productive du pays, congédier
leurs domestiques, réformer leur train et leurs équipa-
ges, s'interdire les achats les plus indispensables, mettre
en vente leurs papiers sur l'État, hypothéquer, même,
leurs biens pour retirer de la circulation le plus de
numéraire possible, fermer enfin leurs maisons de la ville,
et se retirer dans leurs terres pour y déplorer les maux
qui allaient fondre sur la France coupable. Les bran-
ches les plus importantes du commerce et de l'industrie,
déjà nécessairement en souffrance par le temps d'arrêt
qui suit toujours les grandes commotions, reçurent le
dernier coup par ces malignes résolutions qui produi-
sirent une perturbation d'autant plus grande, que les
premiers symptômes en furent commentés avec la plus
perfide et la plus alarmante exagération (1).

Le jeune clergé, chez qui l'intolérance passe toujours
pour une vertu, fut naturellement l'auxiliaire d'une
telle conduite. Avec la certitude de ne courir aucun
risque, puisqu'on ne s'occupait pas d'eux, beaucoup

______

(1) Nous citerons particulièrement tout ce qui est du domaine des
arts, y compris la librairie de luxe et les théâtres, la sellerie, bijouterie,
soirie, les modes, les ornemens d'église, etc. etc.

On ne doute pas non plus que chez les purs fanatiques du parti,
cette austérité improvisée n'ait encore eu pour effet la disposition
de riches économies au profit des caisses de subvention du Midi
et de l'Ouest, et à la propagation des *Bonnes Doctrines* par les Quo-
tidiennes de province.

de prêtres, outre une infinité d'actes punissables en leur qualité de fonctionnaires publics, affectèrent de se sé-culariser. On les vit abandonner le tricorne et la sou-tane pour l'habit du siècle, faire disparaître la tonsure, et prendre en public avec une gaucherie étudiée, l'at-titude d'hommes dévoués à la persécution et au martyre.

De cette conduite de l'absolutisme sur laquelle la loi n'avait point d'action, passons à d'autres voies plus tortueuses et bien autrement coupables.

A tout changement de gouvernement, on a cons-tamment vu surgir une nuée de parasites, race bédouine et nomade, débris obscurs des administrations précé-dentes, et demandant à grands cris des places, des em-plois.

Le gouvernement de juillet pouvait d'autant moins échapper à cette importunité, que plus abordable, plus populaire, il avait encore à réparer de nombreuses injustices et à débarrasser l'administration d'une foule de sujets dont les sentimens hostiles au nouvel ordre de choses, pouvaient ne pas être douteux.

La loi sur le serment ayant singulièrement restreint le nombre d'emplois présumés disponibles, il y eut parmi les aspirans beaucoup de désappointemens et beaucoup d'espérances déçues. Presque tous les solliciteurs s'étant rendus dans la capitale, la plupart de ceux qui ne pu-rent rien obtenir, restèrent à Paris, la majeure partie par insuffisance de moyens de retour dans leurs foyers. L'exiguité de leurs ressources jointe au désœuvrement, augmenta leur injuste mécontentement, et il est au-jourd'hui hors de doute que les embaucheurs légiti-mistes se décidèrent promptement à exploiter l'indigence et l'impéritie de ces patriotes conditionnels. Aussi dans toutes les échauffourées, a-t-on rencontré ce mélange de bonnet rouge (1) et de drapeau blanc, que le vrai patriotisme du 6 juin a fait disparaître sans retour.

Concurremment avec ces menées, un vaste complot est organisé; l'or, les promesses, les écrits incendiaires sont répandus dans le Midi et surtout dans l'Ouest. On presse et on dissémine les approvisionnemens de munitions; on bat monnaie à l'effigie d'un prétendant; on séduit les jeunes soldats; on trouble les consciences; et c'est lorsque ces provocations à la guerre civile amènent des manifestations contraires de la part d'impatiens libéraux, que l'émeute, la sédition et des précautions de sûreté générale nécessitent une augmentation dans la force armée et dans la haute police, conséquemment dans les charges et dans les subsides, ainsi qu'une dérogation aux formes ordinaires dans la surveillance des actes individuels; c'est alors, disons-nous, que les gazettes du jésuitisme hurlent jusques sur les toîts les avantages et les douceurs du pouvoir déchu, mis en regard des calamités et des vexations que le nouveau gouvernement fait peser sur la France. (2)

---

(1) Car ce n'était pas pour augmenter le nombre des légitimistes que ceux-ci soldaient les désœuvrés, c'était tout bonnement pour faire de l'anarchie, embarrasser le gouvernement, amener le dégoût et la lassitude, indiquer aux puissances étrangères le moment favorable, etc., etc.

(2) Notre mémoire suffira pour mettre sous les yeux de nos lecteurs le canevas d'un numéro de la Quotidienne, c'est presque citer les 700 numéros qu'elle a publiés depuis les journées de juillet; nous ferons seulement observer qu'après la première année,

Cette affectation à dénaturer les causes du mal aisé général et à déconsidérer le gouvernement, indique un

---

la haine a fait place à un retour de tendresse hypocrite vers la nation.

Comment se fait-il que le peuple le plus spirituel et le plus franc, soit devenu le plus stupide, le plus ingrat et le plus criminel ? c'est qu'il a été indignement abusé et perverti par les promesses des charlatans qui le gouvernent aujourd'hui.

Ah ! combien nous devons regretter la pieuse et illustre famille que la providence ne nous a un instant retirée que pour nous châtier de notre impiété et de nos débordemens.

Une personne qui arrive d'Holyrood et qui a vu la famille réunie, moins cependant le modèle des femmes fortes, dit que tout le pays est en extase devant les vertus de ces vénérables hôtes. Le jeune Henri surtout est un objet d'idolâtrie : on lit sur la figure du prince tout ce qu'il y a d'avenir dans ce jeune lys appelé à de si hautes destinées.

Eh ! qui oserait blâmer nos regrets ! depuis quand sous l'empire de la Charte-vérité n'a-t-on pas le droit de dire ce que l'on pense ? alors que signifierait donc cette liberté de la presse si vantée ?

Au surplus, ce gouvernement peut-il se soutenir. a-t-il pour lui le principe fondamental que les peuples ne méconnaissent pas envain ? Né d'un moment de vertige et de délire ; qui donc en voudrait ; sans foi, sans morale, sans capacité, il est l'horreur de la partie saine de la nation qui est aussi la plus nombreuse, et sur laquelle pèse depuis trop long-temps son imperceptible minorité.

Non vous n'aurez pas la paix ; non vous n'effectuerez pas le désarmement : vous n'inspirez pas assez de confiance aux grands souverains. Voyez cependant où cela vous conduit, à un budget de 1700 millions ; dites maintenant si cette ère produira les quatorze siècles de bonheur et de gloire de la monarchie légitime.

La misère, l'émeute, la sédition sont partout ; la religion est traînée dans la boue, la Vendée est en pleine insurrection ; il s'y

but bien plus lâche et bien plus indispensable à atteindre
que celui d'égarer l'opinion publique. Persuadées que

---

passe des choses marquées au coin de la providence. Vous parlez
avec mépris de ces vendéens, ah ! si vous aviez vu leurs prodiges
de valeur au château de la Péuicière. Et ce sont des français que
l'on ne rougit pas de faire passer aux conseils de guerre. Ce malheu-
reux pays est couvert de troupes. Et cependant c'est une femme
toute seule qui fait trembler ce gouvernement ; qu'on ne vienne
donc plus adresser aux Bourbons le reproche de lâcheté.

L'arbitraire poursuit son cours, les visites domiciliaires ne dis-
continuent pas, voilà donc ce qu'on ose appeler un gouvernement
libéral, malheureuse France ! encore un peu de patience tes
maux vont finir.

Un article contenu dans son numéro du 5 de ce mois, se ter-
mine ainsi :

« Nos boutiques se ferment, notre ville se vide, nos plus beaux
établissemens font faillite ou se ruinent ; les étrangers nous fuient ;
nos arts et nos artistes dépérissent ; nous avons un gouvernement
sans ministère ou un ministère sans gouvernement ; des chambres
nulles, l'approche d'une session turbulente ; et nous voyons
tout cela sans y porter remède. Notre caractère s'efface, nos mœurs
se corrompent, notre élan est comprimé de tout côté ; notre ins-
tinct national s'égare ; notre crédit est nul ; notre commerce s'en
va ; et encore une fois nous ne faisons rien, nous ne pouvons
rien, que de subir les violences de la révolution de juillet, les
railleries de l'étranger, les prisons et les fêtes du juste milieu.
Pauvre France ! »

Telle est en substance la partie sérieuse de l'innocente opposition de la Quotidienne, servant de type à tous les libelles de la
même couleur, publiés périodiquement en province ; il faudrait
pouvoir citer la partie ironique et bouffonne, destinée à faire
pâmer les salons et les sacristies ; et c'est en prêchant sans difficulté, sans interruption, à l'aide du mensonge et de la calomnie
une croisade bien systématique contre le gouvernement, que ces
feuilles crient à la persécution, à la terreur de 93 !

leurs déclamations sont accueillies par toutes les aristocraties de l'Europe, ces feuilles répudiées par la France entière, espèrent aider puissamment à une troisième invasion. En vain prennent-elles le ciel et la terre à témoin de leur brûlant patriotisme, leurs correspondances éventées étaient bien superflues pour fortifier les convictions à cet égard. Les faits sont là pour démontrer que depuis quarante ans, ce parti n'a rien pu sans le secours de l'étranger. Faut-il donc leur répéter encore que, même avec ce honteux appui, leur cause est à jamais perdue; du moins si la fortune des armes trompait les efforts héroïques d'une nation qui a fait ses preuves, l'indépendance et la liberté pourraient succomber, mais déjà la mort du dernier des traîtres aurait précédé la chûte du dernier patriote.

La presse libérale (1) ne manqua pas de dénoncer et foudroyer des tentatives aussi audacieuses, mais elle

---

C'est en commettant de tels excès, qu'elles réclament pour leurs opinions l'inviolabilité du sanctuaire, tandis que ces mêmes opinions courent les grandes routes à main armée, pillent, ravagent, incendient une partie de la France, et entretiennent partout le mal aise et l'irritation. N'est-ce pas insulter au bon sens public, que de mettre sur la même ligne les regrets de Lamartine et les brigandages de Diot? l'opposition monarchique de M. Hyde de Neuville et celle des Trestaillon de 1832? enfin, et pour choisir un exemple de bonne foi absolutiste plus rapproché de nous, que de dire (en analysant cinq numéros de la Gazette du Midi) : le duc d'Orléans est parti *indigné* de *l'insultante* réception que lui a fait *subir* la ville de Marseille.

(1) Dans sa véritable acception, le libéralisme est une vertu progressive en opposition avec l'ignorance et l'esclavage, et qui a pour objet l'amélioration du sort physique et moral des peuples.

ne put remplir cette tâche, que d'ailleurs elle dépassa, sans allumer dans les cœurs et dans les esprits le feu d'une indignation difficile à maîtriser. Le gouvernement procédant par des voies plus calmes et se bornant à soumettre tous les délits patens à l'action des lois, dut réprimer les écarts d'un zèle porté jusqu'à la fureur, et dont le contre-coup n'allait pas moins qu'à l'accuser lui-même dans ses sentimens et dans ses actes.

De là, une autre série d'obstacles que le pouvoir n'aurait pas dû rencontrer et qu'il nous est pénible d'avoir à retracer; obstacles d'autant plus fâcheux que s'étant manifestés presque parallèlement avec ceux que nous venons d'énumérer, cette coïncidence a grandement compliqué les embarras de la situation.

L'opposition si grande, si forte, si généreuse avant les journées de juillet, rendit extrêmement facile le choix des auxiliaires du nouveau gouvernement; mais il était évident qu'en raison même du grand nombre de sujets d'un patriotisme, et d'un talent éprouvés,

---

C'est en ce sens que l'on peut dire : *le libéralisme est à la politique ce que la philosophie est à la religion* qu'elle a épurée, en faisant pénétrer la douce tolérance dans ses dogmes les plus exclusifs.

Le libéralisme est donc l'ennemi du despotisme et de la démagogie; mais on ne doit pas oublier que, dans ses imputations, le parti légitimiste qui abuse de tout, ne manque pas de flétrir les libéraux du nom d'anarchistes, comme ceux-ci flétrissent du nom de fanatiques les hommes *véritablement* religieux, dont le plus grand nombre se trouve parmi les libéraux.

Nous ne pouvons nous empêcher de faire remarquer que le parti légitimiste est tellement violent et absolu, qu'il ne fait nulle difficulté de mettre sur la même ligne, l'enseignement mutuel et la condamnation de Louis XVI.

tout ce qui composait les premiers rangs de cette opposition ne pouvait être directement appelé aux affaires. La fatalité voulut aussi que des révolutions éclatassent presque simultanément en Belgique, en Italie, en Pologne, en Suisse, etc. Il était constant que le gouvernement avait pris pour base de son administration intérieure, le soin du développement des améliorations introduites dans la Charte, la résolution de ne s'écarter de la légalité sous aucun prétexte, et de gouverner sans acception de personnes et d'opinions : c'était déclarer que la révolution de juillet ayant accompli son œuvre, le règne des lois était en pleine activité.

Sa maxime de politique extérieure était : le maintien des traités existans; de ne point échauffer, en les favorisant, les germes d'indépendance qui pouvaient exister chez les autres peuples, de ne pas non plus aider à les comprimer, et de maintenir par tous les moyens honorables la paix si nécessaire au commerce, à l'industrie et, surtout, à la consolidation de nos institutions.

Des manifestations de la plus haute imprudence répondirent à ces sages résolutions. Une divergence d'opinions sur le maintien des traités (1), éclata dans les chambres et fut commentée par la presse, avec ce luxe de raisonnemens et de conséquences qui obscurcissent ou éloignent tellement le but, qu'il devient

____

(1) Le I.er juin 1815, dans son discours du Champ de Mai, Napoléon a dit :

« Français, en traversant au milieu de l'allégresse publique, les diverses provinces de l'Empire, pour arriver dans ma capitale, j'ai dû compter sur une longue paix ; *les nations sont liées par les traités conclus par leurs gouvernemens, quels qu'ils soient.* » (paragraphe 4.).

impossible de l'atteindre. Les feuilles absolutistes réduites jusqu'à lors, à l'enregistrement minutieux et exagéré d'une infinité de petits faits de localité , se hâtèrent de s'emparer de ce germe de mésintelligence, en ayant soin dans leurs réflexions et dans leurs tableaux sur les révolutions du jour, de faire pencher la balance de leurs vœux du côté du despotisme. Aussi dans la lutte des immortels Polonais contre le Russe, il fut aisé de voir qu'elles attisèrent avec une perfide habileté et portèrent souvent jusques à la fureur, les sentimens généreux d'une jeunesse bouillante de patriotisme et d'énergie. Une importante question constitutionnelle était aussi à résoudre ; après avoir fourni une ample matière à la controverse , elle fut décidée dans le sens de la dignité nationale et de la considération du pouvoir, sans que cette solution put satisfaire à l'exigence des partis, chimère insaisissable, puisqu'il est convenu d'avance que tout acte, émanât-il directement de Dieu même , doit avoir un contradicteur. Des symptômes républicains s'étaient souvent manifestés dans une société sans objet, dont les actes furent toujours réprouvés par la prudence non moins que par le bon sens public. Le gouvernement se trouva donc de très-bonne heure , c'est-à-dire à peu de mois de son origine , dans a nécessité d'employer des moyens de précaution et même d'user de mesures coërcitives envers des hommes qui ne paraissaient coupables que d'un excès de patrio-tisme. Cette tâche devenue indispensable, par la gravité des atteintes portées à l'ordre et à l'intérêt publics, fournissait aux feuilles démocratiques un texte inépuisable sur l'ingratitude, en même temps qu'elle comblait de joie la faction légitimiste. De là , irritation croissante, inquiétude dans toutes les classes, augmentation dans le déploiement des actes de surveillance et de fermeté, et attaques violentes contre le gouvernement, constamment accusé par les partis, d'être l'auteur de toute altération dans la tranquillité publique : chacun d'eux lui reprochant de coupables et dangereux ménagemens pour son adversaire, et tous deux criant à la persécution !

Cependant, soit par la presse (1), soit à l'aide de moyens qu'il serait trop long de détailler, ces partis firent de tels progrès dans le désordre, que des germes de révolte, puis de guerre civile, éclatèrent sur quelques points de la France. La garde nationale et l'armée durent protéger l'ordre public, et elles s'en acquittèrent

---

(1) Ayant donné, note page 12 et suivantes, un échantillon de la presse légitimiste, nous devrions peut-être en user de même à l'égard des productions ultra-démocratiques ; cependant, il se présente un inconvénient que nous laissons au lecteur à apprécier.

Le parti absolutiste sait parfaitement ce qu'il désire : la monarchie légitime selon Louis XIV ; forme de gouvernement réduite à la plus simple expression, et surtout très exécutable ; seulement il est fâcheux que la réalisation de ce vœu rencontre un obstacle invincible dans l'avancement des idées libérales, et dans le peu de sympathie de la nation pour les membres de la branche usée.

Des milliers de formes et de combinaisons se pressent, au contraire, dans la tête des hommes de la république. Ce mode de gouvernement, appliqué à notre état de civilisation actuel, est tellement incompatible à l'ordre et à la durée, qu'en supposant ses publicistes d'accord sur une constitution républicaine, nous la soutenons d'avance inexécutable.

De là, notre embarras pour formuler les rêves et les affections de ce parti, qui a, néanmoins, sur le précédent, l'avantage d'un patriotisme incontestable : patriotisme qui pourrait être aussi glorieux qu'utile s'il n'était engagé dans une voie effrayante, au dire de l'expérience et de cruels souvenirs.

avec ce mélange de force et de modération, seul capable d'assurer le triomphe de la loi.

Mais tous ces faits désastreux, envisagés et commentés par les journaux, sous des points de vue directement opposés, aigrissaient de plus en plus les esprits et contribuaient à maintenir la perturbation dans les affaires, premier but des efforts de tous les partis : aussi les artisans de troubles, pour produire ce résultat, ne manquèrent-ils pas d'accuser la capacité ou la bonne foi du gouvernement, et surtout sa modération, sous le nom de faiblesse; et lorsque par une audace toujours croissante, des mesures sévères sont devenues indispensables, les cris à l'injustice ! à l'arbitraire ! remplacent aussitôt les termes de mépris.

Les bornes de cet écrit ne nous permettent pas d'entrer dans de plus grands développemens sur la marche des partis. Une seule remarque peut être faite : c'est que les tracasseries, les tiraillemens et les grossières personnalités dirigées contre le pouvoir, sont venus se briser au pied du trône et de la tribune, et n'ont produit qu'un redoublement de confiance bien encourageant de la part du Roi, des chambres et de la majorité de la nation envers le ministère; preuve certaine, que les sentimens bien connus, du Roi, ne laissent aucun doute sur la part franche, active et toute nationale qu'il a prise aux évènemens intérieurs et extérieurs qui ont exercé les vœux et les sympathies du peuple; il est seulement fâcheux que sous le prétexte d'un patriotisme supérieur à celui du monarque, des agitations impolitiques et intempestives, aient paralysé les plus sages et les plus consolantes mesures.

En résumé, nous dirons : que le parti de la propagande

et de l'hôtel de ville, n'a point fait preuve de discerne-
ment, en se laissant soupçonner d'alliance avec les
républicains. Arrivant de suite à une manifestation ré-
cente, devenue déjà célèbre, sans doute parce qu'elle est
insolite, nous dirons que toutes les fois qu'un *compte
rendu* se bornera à une masse de griefs sans relater,
comme la bonne foi l'exigeait, les causes notoires qui
ont tant contribué à gêner la marche du gouvernement,
cette lacune devra faire considérer le document comme
un acte d'hostilité purement gratuit, capable de fortifier
encore de funestes dissentions. Nous sommes loin de
vouloir insinuer par là, qu'il y ait ombre de solidarité
entre la société des amis du peuple et l'opposition aujourd'hui *extrà-parlementaire*. Nous avons seulement
voulu énoncer cette observation : qu'après les événemens
qui se sont succédés depuis deux ans, un acte de cette
portée aussi généralement réprobateur de toute la conduite d'un gouvernement, est nécessairement entaché
d'injustice et d'animosité.

A l'égard du parti anti-national, sa criminalité étant
flagrante, depuis S^t.-Germain l'Auxerrois jusqu'à l'état
de siège, sa perfidie et son abjection résultent, surtout,
de l'impudeur avec laquelle ses organes invoquent
journellement toutes les franchises de la Charte de 1830,
en même temps qu'ils affichent, en toute occasion, la
haine la plus violente contre tout ce qui se rattache à
l'origine et aux droits du gouvernement actuel.

Certes, nous ne féliciterons pas le pouvoir et il est
loin de s'en réjouir lui-même, de la fâcheuse nécesssité
qui l'a contraint de recourir à des moyens extraordi-
naires. Placé dans le cas de légitime défense par le
concours de toutes les fatales circonstances que nous

n'avons que faiblement indiquées, il a dû, sous sa responsabilité, disposer de toutes les forces et de toutes les armes, pour protéger le dépôt qui lui est confié.

Oui, nous croyons fermement que, le sept août, dans l'effusion de sentimens unanimes qui ont caractérisé le vote du pacte fondamental, si une voix eût demandé l'abrogation nominative de toutes les lois d'exception, léguées par les précédens despotismes, l'assemblée l'aurait prononcée par acclamation; mais si une prévoyance subtile et prophétique, avait, en ce moment, déroulé le tableau des troubles frénétiques dont nous venons d'être les témoins, nul doute qu'au même instant, le roi n'eut été investi d'une dictature explicite pour ces cas déplorables, où les mesures de la plus haute vigueur sont encore les plus douces comme les plus salutaires.

Car il ne faut pas se le dissimuler, la bonne foi d'un gouvernement fait souvent toute son habileté, l'accord des forces déployées les cinq et six juin dans Paris, et l'écho approbateur, que cette répression a eu en France, se réduisent à ce peu de mots, véritable résumé de toutes les adresses et dont la simplicité, disons, s'il le faut, la trivialité, n'exclut pas la justesse : *Sire, après vous avoir confié le soin des justes exigences de l'orgueil national, tant à l'intérieur qu'à l'extérieur, nous vous déclarons que nous voulons manger, dormir et travailler à l'abri des lois; employez TOUT pour confondre les perturbateurs, sans distinction de drapeau.*

Nous croyons inutile de répondre d'avance à l'objection bannale d'incapacité du pouvoir, élevée sous ce prétexte : qu'il aurait dû prévoir et détruire successivement les obstacles au lieu de les laisser s'accroître, et de se voir, par là, forcé de recourir à des expédiens de la dernière gravité ; nous ferons seulement observer que tout notre écrit ne serait qu'une longue réponse à cette allégation, puis nous ajouterons : les journées de juin à Paris, et la conduite de la garde nationale et de la population dans la Vendée, ont prouvé que la longanimité du gouvernement, n'avait point été stérile puisqu'elle était appréciée. L'ordre légal devenu réellement insuffisant, a été amplement supplée par l'indignation générale qui n'a pas tardé à faire justice de l'anarchie. La nation fière des sentimens de son roi et bien convaincue du patriotisme de son gouvernement, a sanctionné les journées de juillet au profit de la paix intérieure et extérieure, et pour le désespoir des ambitions factieuses ; et cette dernière expérience encore chèrement achetée, il est vrai, était absolument nécessaire pour faire évanouir les illusions les plus rebelles.

Et c'est en présence de ce résultat que le ministère serait menacé d'une mise en accusation pour l'avoir completé, c'est-à-dire, pour avoir pris les mesures qu'il a cru les plus efficaces, afin de rendre impossible un retour à d'aussi affligeantes catastrophes ! Puis, il sied bien aux organes des opinions extrêmes dont le triomphe ne pourrait être qu'une effrayante calamité, de jeter les hauts cris sur la rigueur de l'état de siège dans Paris, lorsque sous le régne de cet arbitraire, si ridiculement nommé Draconien, pas une goute de sang n'a été versée, pas un journal n'a modifié la violence de son langage ; ce qui nous fait dire, qu'il faut qu'un gouvernement soit bien convaincu de sa force et de la profondeur de ses racines, pour n'opposer que l'indifférence à des attaques aussi passionnées et aussi injustes :

car, ce que l'on nomme poursuites contre les écrivains, n'est qu'une fausse appellation ; véritables mesures de sûreté publique, elles ne sont dirigées que contre la phrase incendiaire ou calomnieuse : supprimez-la, ou réduisez-vous à la discussion purement critique des actes du gouvernement, et vous ne serez nullement inquiété (1).

D'un autre côté, n'est-il pas étrange de voir les partis s'emparer de l'arrêt de la cour de cassation, comme d'un acte qui leur soit propre, tandis que cet arrêt, loin de contester le droit du gouvernement, l'a au contraire solennellement reconnu, et en a seulement régularisé les effets encore incertains, en les coordonnant avec les dispositions de la Charte.

Puisant la confiance que nous inspire le pouvoir, dans la conviction des sentimens français qui l'animent, nous sommes cependant loin d'approuver une foule d'actes blâmables et quelque fois odieux, commis çà et là dans l'administration d'un vaste empire. Nous dirons ailleurs

---

(1) Le droit de publier ses opinions ne peut s'entendre que d'une polémique ou critique analogue aux usages parlementaires. Il est clair que républicains ou absolutistes, ne peuvent pas se donner la mission de prêcher leurs doctrines sur la place publique ou dans un journal, ce qui est à peu près la même chose.

Cette mesure dans le langage, et cette apparente restriction du droit, sont d'autant plus justement appliqués au journalisme et à la place publique, qu'il est toujours permis à tout homme qui se croit versé dans les matières de haute politique et de droit public, d'apporter à la société le tribut de ses lumières et de son expérience, en consignant dans un traité spécial les changemens ou les modifications qu'il croirait nécessaires de faire éprouver à la constitution ou aux lois. Il est bien certain que leurs principes mûrement pesés et clairement expliqués, produiraient, là, bien plus de fruit, que dans les colonnes éphémères des feuilles périodiques.

la cause de ces fâcheuses anomalies qu'il convient de mettre sous les yeux du gouvernement , mais qu'il serait injuste de lui imputer dans le sens absolu de ses devoirs. Aujourd'hui nous nous sommes bornés à présenter à grands traits , l'ensemble des difficultés qu'il a rencontrées , en opposition à ses vœux , à ses efforts , à tout son système. Nous n'avons cité aucun fait , aucun nom. Le mécanisme entier a été menacé , ébranlé ; en nous occupant des rouages , même des engrenages , nous signalerons des fautes et des erreurs , et peut-être serons-nous assez heureux pour produire un peu de bien , au risque de froisser quelques sentimens et quelques amours-propres.

Terminons par rappeler la vérité fondamentale de notre situation actuelle.

La France , par l'organe des électeurs , a flétri le gouvernement de Charles X; ce monarque au faîte de la puissance matérielle est expulsé du trône et du territoire, sans le moindre obstacle. Qui, dira que la même unanimité n'a pas voulu l'avènement de la monarchie nouvelle , basée sur la constitution la plus libérale que jamais peuple se soit donnée? où étaient donc alors les dissidens qui se sont montrés depuis? les uns , protestent contre le fait d'exclusion; les autres , aujourd'hui, se récrient contre le mode d'action suivi par un gouvernement dont l'origine leur est chère et précieuse. Il ne resterait donc qu'à démontrer aux premiers l'inutilité de leurs regrets; aux seconds, l'injustice de leur impatience. Alors, sans doute, les passions se tairont; l'exercice calme et régulier du pouvoir ne rencontrera que peu d'obstacles; et la nation, réunie dans les mêmes sentimens de paix, d'amonr de la patrie et d'affection pour son roi, n'offrira désormais au monde d'autre spectacle que celui d'une grande famille, forte de sa confiance dans son inébranlable volonté,

L'ensemble de cette première brochure était néces-
-saire pour fixer le point de départ des numéros suivans:
il en paraitra au moins un par mois. Chacun d'eux, outre un bulletin politique, offrira une série de développemens sur les diverses opinions qui s'agitent en France,
et l'exposé des probabilités de leur fusion dans un esprit d'ordre et de liberté.